AF606998

Ediciones de Poesía

Eva Veiga

O que se volve raíz
Lo que se vuelve raíz

Traducción al español de Teresa Seara
Solapa de Pilar Pallarés

OLIFANTE
Ediciones de Poesía

Olifante. Ediciones de Poesía, fundada y dirigida desde 1979
por Trinidad Ruiz Marcellán
Segunda época
Subdirección: David Francisco

Edición conmemorativa del XLVI Aniversario
de la creación de OLIFAN TE. Ediciones de Poesía

O que se volve raíz / Lo que se vuelve raíz
de Eva Veiga

Editado por Olifante. Ediciones de Poesía

Diseño gráfico: Vicente Pascual

I.S.B.N.: 979-13-990025-4-6
Depósito Legal: Z 1030-2025
Impreso en España por
COMETA, S.A. *Carretera de Castellón, km 3,400. 50013 Zaragoza*

Foto: Alfonso Costa

Partir es dar pasos fuera
Chantal Maillard

na dor que fica
preciso que sigas

por se houber un claro
Ana Romaní

che giro su e giù per la terra come una bestia in gabbia;
che di tante corde che ho finisco col tirarne una sola;
che mi piace infangarmi perché il fango è materia povera e perciò pura;
che adoro la luce soltanto se è senza speranza.
Pier Paolo Pasolini

and man only a possibility
Li Young Lee

La guerra es ese lugar donde las madres
entierran a sus hijos.
Olga Rodríguez

para meu pai, Manuel,
in memoriam

para Marina

1

segregas
fíos
talvez cabos soltos
cuxo principio
ignoras

todo canto escribes
é a formación dun deserto

agardas
como unha arteria aberta

que alguén veña
co seu silencio cavar
un pozo

avive a sede

1

segregas
hilos
tal vez cabos sueltos
cuyo principio
ignoras

todo cuanto escribes
es la formación de un desierto

aguardas
como una arteria abierta

que alguien venga
con su silencio a cavar
un pozo

avive la sed

2

é á túa escoita atenta
que responde o paxaro
na suspensión do seu canto

2

es a tu escucha atenta
que responde el pájaro
suspendiendo su canto

3

des-
aparecer
pero entre
a choiva
o corpo
cara á nube
rastro talvez
se a ferida a súa pro-
fundidade
a súa re-
percusión
para todo
o outro

3

des-
aparecer
pero entre
la lluvia
el cuerpo
hacia la nube
rastro tal vez
si la herida su pro-
fundidad
su re-
percusión
para
todo
lo otro

4

por veces algo
ou alguén
atravesa
a miña cegueira
con fíos
dunha beleza incurable

ardemos
con inaudita precisión

nun idioma antes inexistente

4

a veces algo
o alguien
atraviesa
mis párpados ciegos
con hilos
de una belleza incurable

ardemos
con inaudita precisión

en un idioma antes inexistente

5

ti
xa estabas
palabra

houben pronto de aprehenderte
malia sendo xa gaiola o teu colo
apenas tempo tiven
de probar coa miña lingua
rizomas humus a alma ferruxinosa da terra
ou sentir coa pel inzada de ollos
a que sabe o primeiro de todos os abandonos

como unha ansiosa formiga máis
aburaba coas letras até acadarte
ninguén me avisou do que perdía
todo era liberal ganancia e a verdade
quen tería preferido o exilio da súa especie?

pero está esa lóxica firme que me entea
aprisiona confunde cos seus códigos e escrituras
paredes invisibles que hei de derrubar
sen acougo e por veces tan ás cegas
mentres a carne exhausta se contempla
abraiada e orfa nun espello baleiro

5

tú
ya estabas
palabra

pronto hube de aprehenderte
aunque ya fuese jaula tu regazo
apenas tuve tiempo
de probar con mi lengua
los rizomas el humus el alma ferruginosa de la tierra
o sentir con la piel llena de ojos
a qué sabe el primer abandono

como una afanosa hormiga más
trotaba con las letras hasta alcanzarte
nadie me advirtió de lo que perdía
todo era liberal ganancia y la verdad
quién hubiera preferido el exilio de su especie

pero está esa lógica firme que me acomoda
aprisiona confunde con sus códigos y escrituras
paredes invisibles que he de derribar
sin descanso y a veces tan a ciegas
mientras la carne cansada se mira
perpleja y huérfana ante un espejo vacío

6

daquela
o silencio só
reinaba pola noite
cando aínda podiamos
contar as estrelas
e acubillarnos en palabras incomprensibles
ou escoitar a profunda conversa
dos grilos das árbores dos cans
o respirar da criatura estraña
que a cada quen hospeda
tería sido tan doado entón
ceibarse da man do tempo
sen mágoa e sen dúbida ningunha
tomar o camiño
do regreso á terra

6

entonces
el silencio solo
reinaba por la noche
cuando podíamos aún
contar las estrellas
y refugiarnos en palabras incomprensibles
o escuchar la profunda conversación
de los árboles de los grillos de los perros
el respirar de la criatura extraña
que a cada quien hospeda
hubiera sido tan fácil entonces
desasirse de la mano del tiempo
sin pena y sin duda
tomar el camino
de regreso a la tierra

7

terra removida
lenta
onde xermola
a dura semente
da túa ausencia
coma millo coma millo
para a fame
dos paxaros
para estoxo
de tanto ceo fugaz

7

tierra removida
lenta
donde florece
la dura semilla
de tu ausencia
como maíz como maíz
para el hambre
de los pájaros
para vasija
de tanto cielo fugaz

8

náceme agora
no labio

a árbore da túa morte

se dela agardo algo
afástase

feren a lingua os seus froitos imposibles

8

me nace ahora
en el labio

el árbol de tu muerte

si espero algo de él
se aleja

hieren la lengua sus frutos imposibles

9

nunca imaxinei
que o loureiro
cantara en ti
mais agora
que a túa ausencia
atravesa o tempo
e me sabe terra
para a túa raíz
esbagoa a chuvia
polas tersas follas
e o día escoita
dentro do seu corazón
en rítmico romperse
o tambor da noite

9

nunca imaginé
que el laurel
cantara en ti
mas ahora
que tu ausencia
atraviesa el tiempo
y me sabe tierra
para tu raíz
resbala la lluvia
por las tersas hojas
y el día escucha
dentro de su corazón
en rítmico romperse
el tambor de la noche

10

á fin
ti
a reunión
dun corpo
coa súa ausencia

10

al fin
tú
la reunión
de un cuerpo
con su ausencia

11

e eu tan desvalida
perante a túa morte

armas poderosas que esgrimín
en combates dos que saía
aínda máis cargada de razón
desfanse no tránsito das veas
corroídas polo ácido máis triste

non a causa das nosas desavinzas
sobre o humano e o divino
nin por ser unha rama tan reberte
da túa árbore a que aínda estéril
se enxerta e nunca enmudece

pero si por non ter querido abrir
as portas
as que non se ven nin se din nin se entenden
se non é para quen as pecha

11

y yo tan desvalida
ante tu muerte

armas poderosas que esgrimí
en combates de los que salía
aún más cargada de razón
por las venas se deshacen
corroídas por el ácido más triste

no por nuestras disensiones
sobre lo humano y lo divino
ni por ser una rama insurgente
de tu árbol la que aún estéril
se injerta y nunca se calla

pero sí por no haber querido abrir
las puertas
las que no se dicen ni se ven ni se entienden
si no es para quien las cierra

12

arestora que non dis

–pois te abeira o silencio–

apréndesme os significados
da primeira lingua

a que atesoura os códices
no interior do óso

12

ahora que no hablas

–pues te acoge el silencio–

me enseñas los significados
de la primera lengua

la que guarda los códices
en el interior del hueso

13

fóra chove á fin

debuxo un círculo que non é perfecto
a tarde dentro coma se eu fose a tarde

mais custa internarse e ficar
onde non sabes erixir unha ara
e honrar a dor ou a sede dunha oliveira

13

fuera llueve al fin

dibujo un círculo que no es perfecto
la tarde dentro como si yo fuera la tarde

pero cuesta entrar y quedarse
donde no sabes erigir un altar
para honrar el dolor o la sed de un olivo

14

non hai azul como o que trae xaneiro
para que o frío agrome tal unha flor
que acudise a enganar o corazón

14

no hay azul como el que trae enero
para que el frío brote tal una flor
que viniese a engañar al corazón

15

o que tecemos
faise con relampos do que se perde
entre o ir e o nunca regreso

para que cada quen teña
a súa estrela arde a silveira
no escuro bosque

mais a luz é todo
o que non vemos

15

lo que tejemos
se hace con vislumbres de lo que se pierde
entre el ir y el nunca regreso

para que cada cual tenga
su estrella arde la zarza
en el oscuro bosque

pero la luz es todo
lo que no vemos

16

súbito
a paisaxe embébese
das variacións
da mesma paisaxe

como unha continua exhalación

unha e outra vez
o instante semella desprenderse
do tempo dos seus vales e montañas

a carón do trevo
a lingua esquece o que nunca foi saber

16

súbito
el paisaje se colma
de las variaciones
del mismo paisaje

como una continua exhalación

una y otra vez
el instante se desprende
del tiempo de sus valles y montañas

al lado del trébol
la lengua olvida lo que nunca fue saber

17

nas figuras do informe
cavila agoiros
o óso da néboa

17

en las figuras de lo informe
cavila augurios
el hueso de la niebla

18

non escribirás
o xogo astuto das palabras
nin te has de cinguir ás súas regras

observa a transpiración da pel
a marea viva dos pulsos
o respirar do impensado que te habita
os fíos submisos da trama
que se engurran na intemperie
como un animal acurralado
as marcas ou círculos inútiles
que debuxas arredor de ti
cerco do que só te expulsan as catástrofes
bebe do veleno que puxeches noutras cuncas
nas doses que a conciencia deixa impunes
admite que só ousas saber
aquilo que confirma a túa identidade
esa louca e ávida posesión que te reduce
ao seu recinto empobrecido

escoita
o teu latexo é o mesmo
que o do insecto da estrela ou do inimigo

agora escribe nesa pulsación
que o xesto sexa compasivo

18

no escribirás
el juego astuto de las palabras
ni te has de ceñir a sus reglas

observa la transpiración de la piel
la marea viva de los pulsos
el respirar de lo impensado que te habita
los hilos sumisos de la trama
que se encogen en la intemperie
como un animal acorralado
las marcas o círculos inútiles
que dibujas alrededor de ti
cerco del que solo te expulsan las catástrofes
bebe del veneno que pusiste en otros cuencos
en las dosis que la conciencia deja impunes
admite que solo te atreves a saber
todo aquello que confirma tu identidad
esa loca y ávida posesión que te reduce
a su recinto cada vez más pobre

escucha
tu latido es el mismo
que el del insecto la estrella o el enemigo

ahora escribe en esa pulsación
que el gesto sea compasivo

19

o que se volve raíz
dáse noutra forma da dor

visítanos noutros corpos

19

lo que se vuelve raíz
se da en otra forma del dolor

nos visita en otros cuerpos

20

Aquí –é dicir, onde a flor da cerdeira
quere ser máis negra que alí.
Paul Celan

chove

o trazo que a dor
deita

palabras
–na vertixe da pausa
que excede toda ira–
golpean a lingua

palabras
ao bordo mesmo
dun saber
intratable
acordando

ollo preto
a se verter

a náusea
abre buracos
na densidade ósea
do silencio

o pulso acelérase crébase revólvese
xunto ao roce suave da man e o papel

20

Aquí –es decir, donde la flor del cerezo
quiere ser más negra que allí.
Paul Celan

llueve

el trazo que del dolor
mana

palabras
–en el vértigo de la pausa
que excede toda ira–
golpean la lengua

palabras
al borde mismo
de un saber
intratable
despertándose

ojo negro
se vierte

la náusea
abre agujeros
en la densidad ósea
del silencio

el pulso se acelera se quiebra se revuelve
junto al roce suave de la mano y el papel

acaroadas van palabras
que son estrañas
como aves incompatibles
e destinadas a un recíproco esgazarse

dando tombos –como un anaco de amor
perseguido pola fame– o corazón
quixera o abeiro dunha orde nas estrelas
esquecer que viviu o imposible

presentindo
que é el ese escintileo
breve luz entre os fíos
da chuvia
dese río talvez

a la par van palabras que son extrañas
como pájaros incompatibles
y destinados a un mutuo desgarrarse

dando tumbos –como un trozo de amor
perseguido por el hambre– el corazón
quisiera el cobijo de un orden en las estrellas

olvidar que ha vivido lo imposible

presiente
que es él ese destello
una breve luz
entre los hilos de la lluvia
de ese río tal vez

21

atravesas o tempo
sen ningunha restrición

deitas no espazo
a temperatura exacta
a íntima permuta
da pasaxe

21

atraviesas el tiempo
sin ninguna restricción

grabas en el espacio
la temperatura exacta
la íntima permuta
del pasaje

22

adoito a dor se agocha
tras de si
témera da propia desmesura

mais ás veces
súbito nos asalta
tigre
coas bágoas nos ollos

22

con frecuencia el dolor se esconde
detrás de sí
temeroso de su desmesura

pero a veces
nos asalta súbito
tigre
con lágrimas en los ojos

23

inútiles as palabras
cando se é unha forma en derruba

pura materia transformándose

a indescritible luz que emerxe
dese cataclismo

23

inútiles las palabras
cuando se es una forma en derrumbe

pura materia transformándose

la indescriptible luz que emerge
de ese cataclismo

24

retornar da árbore
cara ao seu corazón
como ave entregada ao infinito

24

vuelto el árbol
hacia su corazón
como ave entregada al infinito

25

un lugar dentro doutro lugar
que abandona o soño

alí onde non quedan xa sinais e a luz
cultiva os seus obxectos incomprensibles

25

un lugar dentro de otro lugar
que abandona el sueño

allí donde no quedan ya señales y la luz
cultiva sus objetos incomprensibles

26

esta memoria
é cicatriz
paisaxe

26

esta memoria es
cicatriz
paisaje

27

para Gustavo Pernas
in memoriam

exacta e distraída a luz da mañá
sinala un tremor máis íntimo
que a á que percorre os abismos

vibración apenas que se asoma
á vida sen ningún significado
algo tan simple como unha folla
sen nervios nin forma nin árbore
algo entre a carne
como unha estraña amígdala de luz

27

para Gustavo Pernas
in memoriam

exacta y distraída la luz de la mañana
señala un temblor más íntimo
que el ala que recorre los abismos

vibración apenas que se asoma
a la vida sin ningún significado
algo tan simple como una hoja
sin nervios ni forma ni árbol
algo entre la carne
como una extraña amígdala de luz

28

o verde da herba demúdase
cada vez máis escuro e triste
e no en tanto anuncia flores
tan fermosas coma o fósil
dunha oración anterior á vida

a orfandade do ar pousa
nese arcano presentimento
a súa plenitude

28

el verde de la hierba se torna
cada vez más oscuro y triste
y no obstante anuncia flores
tan bellas como el fósil
de una oración anterior a la vida

la orfandad del aire posa
en ese arcano presentimiento
su plenitud

29

no tremor da auga
detense un rostro

fóra alguén semella pensativo

(en secreto os ollos retornan
á súa curiosidade de peixes)

29

en el temblor del agua
un rostro se detiene

alguien fuera parece pensativo

(los ojos en secreto retornan
a su curiosidad de peces)

30

detrás de cada existencia
un ruído de fondo
coma de bulideiros rapaces nun patio de colexio:
xogan a dar patadas á estrela do azar
bótanse con vehemencia cara ao agora
son tan felices que o vento é vento
e o ollo atravesa sen dano
o que só é transparente

30

detrás de cada existencia
un ruido de fondo
como de alborotados niños en un patio de colegio:
juegan a dar patadas a la estrella del azar
se arrojan con vehemencia hacia el ahora
son tan felices que el viento es viento
y el ojo atraviesa sin daño
lo que solo es transparente

31

fun feliz quizais sen sabelo
cando nun idioma remoto e familiar
me falaron pola primeira vez
a chuvia a folla que cae o meandro
dun río a delicada parsimonia do caracol
unha árbore que agora é vermella o recendo do outono
atopáronme todas esas cousas
sen eu esperalas ou quizais tropecei con elas
e dixeron algo que abría o meu corpo
como fixo con aquela cova Alí Babá…

ou cando ti chegas e un prego de tempo
estende as súas ás e unhas poucas palabras
nos levan ao mesmo silencio

31

he sido feliz quizás sin saberlo:
cuando en un idioma remoto y familiar
me hablaron por vez primera
la lluvia la hoja que cae el meandro
de un río la delicada parsimonia del caracol
un árbol que ahora es rojo el olor de octubre…
me encontraron todas esas cosas
sin yo esperarlas o quizás tropecé con ellas
y dijeron algo que abría mi cuerpo
como hizo con aquella cueva Alí Babá…

o cuando tú llegas y un pliegue de tiempo
extiende sus alas y unas pocas palabras
nos llevan al mismo silencio

32

beber dese silencio

cántara de arxila
que aínda garda
a luz do sol

32

beber de ese silencio

cántaro de arcilla
que aún guarda
la luz del sol

33

estes cabos soltos
a alteraren
a circularidade
do sangue

inesperados afundimentos
case apnea
presenzas que deambulan
en horas excéntricas
baten na porta
coa máis punzante levidade
lúa inmensurable
a deter as mareas
na gorxa da noite

(talvez restos
daquela sutura apresurada
larva ferida
da nosa infancia
aínda
imprevisible
minada
de silencios)

33

estos cabos sueltos
alterando
la circularidad de la sangre

sorpresivos hundimientos
casi apnea
presencias que deambulan
en horas excéntricas
golpean en la puerta
con la más punzante levedad
luna inmensurable
conteniendo las mareas
en la garganta de la noche

(tal vez restos
de aquella sutura apresurada
larva herida
de la infancia
aún
imprevisible
minada
de silencios)

34

para Xavier Seoane

tamén este instante
que o desacougo invade
como rosa cega
como mar desfacéndose
da súa calma
a erguer contra o ceo
os restos do temón

pois de todo naufraxio
agroma a conciencia do fráxil
a espiña irredenta da beleza

34

para Xavier Seoane

también este instante
que el desasosiego invade
como rosa ciega
como mar deshaciéndose
de su calma
alzando contra el cielo
los restos del timón

pues de todo naufragio
aflora la conciencia de lo frágil
la irredenta espina de la belleza

35

non importa a palabra
que digas
senón o que trae
silandeiro e certo

35

no importa la palabra
que digas
sino lo que trae
en silencio y cierto

36

calma total
do mediodía
o sol abriuse paso
entre as lentas nubes
e a luz confúndese
coas árbores cos tellados…

sorrí imposible a morte

36

calma total
del mediodía
el sol se abrió paso
entre las lentas nubes
y la luz se confunde
con los árboles con los tejados…

sonríe imposible la muerte

37

adoito botabamos o tempo
en crequenas a mirar as pucharcas
tritóns libélulas follas mortas…

como pan doce que se abre
asombro lento de non ser o que se é

37

solíamos pasar el tiempo
mirando en cuclillas las charcas
tritones libélulas hojas muertas…

como pan dulce que se abre
asombro lento de no ser lo que se es

38

onda de auga
tanxes
xunqueira do soño

38

curva del agua
tocaste
con el junco del sueño

39

nos humedais
son presa do desasosego
síntome medrar
dende a lama
como un animal descoñecido
que se afoga
e salta
quere ver o voo dos miñatos
que aínda non existen

39

en los humedales
soy presa del desasosiego
me siento crecer
desde el fango
como un animal desconocido
que se ahoga
y salta
quiere ver el vuelo de las águilas
que aún no existen

40

o que non sei
de min que
contigo abala

(tampouco o asombro sabe
sempre espertar a tempo
e non ve marchar a luz
que algunha vez buscamos

como agora)

que farei eu
co que ti
sen tan sequera intuílo
me entregas
como alma abandonada
á súa sorte?

40

lo que no sé
de mí que
contigo vibra

(tampoco el asombro sabe
siempre despertarse a tiempo
y no ve irse la luz
que alguna vez buscamos

como ahora)

¿qué haré yo
con lo que tú
sin siquiera intuirlo
me entregas
como alma abandonada
a su suerte?

41

xace o corpo diseminado
baixo as follas e o sol
–debúxanse sombras no chan–
tendido na apracible atmosfera
dunha nómade transparencia
que o comunica todo…

é talvez a idade da inocencia
tan xemelga da morte?
as dúas bailan no vigor dos gromos
as dúas inmóbiles contemplan
como un instante se mira a si mesmo
un tempo dobrado de buracos
cóase na cámara a miúdo tapiada do pensamento
arrinca as falsas lámpadas abate os andeis
de súpeto o frío atravesa toda a paisaxe
procúranse as nosas mans para fuxir
malia que non se chegan a tocar
como se todo acontecese nun magma de memoria
e en cada vida espertase só un fragmento da trama

41

un cuerpo diseminado
bajo las hojas y el sol
–sus sombras dibujándose en el suelo–
se extiende en una temperatura apacible
una nómada transparencia lo comunica todo

¿es tal vez la edad de la inocencia
tan hermana gemela de la muerte?
las dos bailan en el vigor de los brotes
las dos inmóviles contemplan
como un instante se mira a sí mismo
un tiempo doblado de agujeros
se cuela en la cámara a menudo tapiada del pensamiento
arranca las falsas lámparas tira los anaqueles
de repente el frío recorre todo el paisaje
nos damos la mano para huir
aunque tal vez no se lleguen a tocar
como si todo aconteciera en un magma de memoria
y en cada vida despertase solo un fragmento de la trama

42

como a face e o revés
dun espello
no intre de se miraren
nunha mesma e única ollada

un pardal anuncia
a tormenta

todo ao redor
atende
o seu canto

e no alto entre
nubes de magnolia
unha rosa rebelde
desfaise
na total duración

42

como el haz y el envés
de un espejo
en el instante de contemplarse
en una misma y única mirada

un gorrión anuncia
la tormenta

todo alrededor
de su canto
escucha

y en el cielo entre
nubes de magnolia
una rosa rebelde
se deshace
en la total duración

43

aló a embarcación de baixura
nota acaso discorde que atravesa
a harmoniosa estrofa do mar
non é verán
mais paseantes e nais con crianzas
morden gozosamente a froita aínda verde do sol
–non vaias tan adentro–
entre escumas o lizgairo ballet das lavandeiras
e por todas as partes a voluble fidelidade do azul
e do ser

43

allá la embarcación de bajura
nota acaso discorde que atraviesa
la armoniosa estrofa del mar
no es verano
pero paseantes y madres con criaturas
muerden gozosamente la fruta aún verde del sol
–no vayas tan adentro–
entre la espuma el sutil *ballet* de las aguzanieves
y por todas partes la voluble fidelidad del azul
y del ser

44

o día deita sobre o muro a súa vibrátil sombra
a sombra descoñece a luz que a proxecta contra o esquezo
o esquezo restitúe todo á súa nada e só queda a música
a música fiel a si mesma a se extraviar
entre biombos de silencio
pero ás veces regresa coma se encontrase o latexo
a derrota das túas veas atravesando o desamparo
e súbito cantas

44

el día reclina sobre el muro su inquieta sombra
la sombra desconoce la luz que la proyecta contra el olvido
el olvido lo devuelve todo a su nada y solo queda la música
la música siempre fiel a sí misma se extravía
entre biombos de silencio
pero a veces vuelve como si encontrase el latido
el camino de tus venas atravesando el desamparo
y de súbito cantas

45

vaise indo o sol
arrefría
un anel entre os dedos

45

va declinando el sol
el aire enfría
un anillo entre los dedos

46

só unha vez

no vivo tapiz do tempo
un punto desaparece
e a urda volve elastica-
mente reconfigurarse

mais
fica entre outras cousas
acontecendo
un nó na gorxa
un traxe descolgado da vida
un indómito buraco
un ollo invisible sempre aberto
unha subatómica galaxia
emitindo os seus sinais

iso que espera ser comprendido
e despois de todo tamén amado

46

una única vez

en el vivo tapiz del tiempo
un punto desaparece
y la trama vuelve elástica-
mente a reconfigurarse

mas
permanece entre otras cosas
aconteciendo
un nudo en la garganta
un traje descolgado de la vida
un indómito agujero
un ojo invisible siempre abierto
una subatómica galaxia
emitiendo sus señales

eso que espera ser comprendido
y después de todo también amado

47

porque non estás
vexo as raíces
complétase soa
a túa imaxe

bebo en dispersos
e melancólicos colares
e canda o paxaro
que nos visita
ergo a cabeza
cara ao infinito

47

porque no estás
veo las raíces
sola se completa
tu imagen

bebo en desperdigados
melancólicos collares
y junto al pájaro
que nos visita
levanto la cabeza
hacia el infinito

48

afínense
memoria e mais esquezo
como dilatada nervadura
da última folla do inverno

probe a voz
un xexún insubornable
de palabras e o seu corpo se goreza
nos ciclos remotos da chuvia

para que ti
para que eu
a onda da auga
na que caemos

48

se afinen
la memoria y el olvido
como dilatada nervadura
en la última hoja del invierno

pruebe la voz
un insobornable ayuno
de palabras y su cuerpo se aloje
en el ciclo remoto de la lluvia

para que tú
para que yo
la onda del agua
donde caemos

49

a túa voz
que brota
apenas un puntual significado
como unha invención que fornece a outra
a túa voz
efémero estampado do aire
tamén a se estrelar sobre esta pel
con silencios relevos e incisións
a túa voz
que entra
e vén facer aínda máis secreto
o que xa era indescifrable

49

tu voz
que brota
apenas un puntual significado
como una invención que alimenta a otra
tu voz
efímero estampado del aire
también sobre esta piel se estrella
con silencios relieves y hendiduras
tu voz
que se adentra
y viene a hacer aún más secreto
lo que ya era indescifrable

50

volveron por aquí
as bolboretas polyommatos icarus
todo semella posible
neste verán que se ispe lentamente

e tamén escoitei o teu corazón
a cantar no meu
como nas noites de hai tempo
resoa aínda
o timbal das cigarras

50

han vuelto por aquí
las mariposas *polyommatos icarus*
todo parece posible
en este verano que lentamente se desnuda

y también escuché
cantar a tu corazón en el mío
como en las noches de hace tiempo
resuena aún
el timbal de las cigarras

51

para Luciano Rodríguez

pousa a xílgara
na vella claudieira do xardín
conversan
tradúcense segundo as súas necesidades
pero só se tocan
como farían dúas almas felices de falaren
onde o estraño fai a súa aparición

51

para Luciano Rodríguez

la cardelina se posa
en el viejo ciruelo del jardín
conversan
se traducen al hilo de sus necesidades
pero solo se tocan
como harían dos almas felices de hablar
donde lo extraño hace su aparición

52

non sabe nada o reloxo dun acorde
nin de quen o leva atado ao seu corazón
nin de quen volve miralo unha e outra vez
como a un deus inexorable
non sabe que é muro de lamentacións
ou a espoleta dun arterial disparo
non sabe nada o reloxo
de como na noite se retorce
o latexo dalgunhas horas
ou como nun só instante
a vida atinxe ou perde o seu sentido
non sabe nada o reloxo
dos trens que cruzan unha espera
da desarborada precisión do abandono
dos descosidos ollos cos que mira o medo
da aluada xanela que agarda a luz do día
non sabe nada o reloxo
do abismo que se abre entre dous tempos
da infinita dilación dunha pinga de auga
do percorrido dun mesmo pensamento
do efémero que de ti deitou xardíns no meu corpo

52

nada sabe el reloj de un acorde
ni de quién lo lleva atado a su corazón
ni de quién vuelve una y otra vez a mirarlo
como a un dios inexorable
no sabe que es muro de lamentaciones
o la espoleta de un arterial disparo
nada sabe el reloj
de cómo en la noche se retuerce
el corazón de algunas horas
o de cómo en un solo instante
la vida alcanza o pierde su sentido
nada sabe el reloj
de los trenes que cruzan una espera
de la desarbolada precisión del abandono
de los descosidos ojos con los que mira el miedo
del desgonzado discurrir que aguarda la luz del día
nada sabe el reloj
del abismo que se abre entre dos tiempos
de la infinita lentitud de una gota de agua
del trayecto de un mismo pensamiento
de lo efímero que de ti dejó jardines en mi cuerpo

53

aparecíase o poema
entre as copas e a desorde
da noite anterior
non na interpretación dos pousos
senón no precipicio duns labios
a tinguiren de encarnado a triste transparencia
no perfume rancoroso
dun silencio morto
nos cascos perdidos dunha palabra
que xamais saíu do seu tambor
dende alí repite convulsivamente
o seu lóstrego imposible
o poema era un anxo apostado
a prol e en contra da derrota
o poema non ten lugar nin tempo exactos
só un rastro que a luz dilúe
resto de escuridade e de azar

53

el poema se aparecía
entre las copas y el desorden
de la noche anterior
no en la interpretación de los posos
sino en el precipicio de unos labios
que tiñeron de rojo la triste transparencia
en el perfume rencoroso
de un silencio muerto
en los casquillos de una palabra
que jamás salió de su tambor
desde allí repite compulsivamente
su relámpago imposible
el poema era un ángel apostado
en contra y a favor de la derrota
el poema no tiene lugar ni tiempo exactos
solo un rastro que la luz diluye
un resto de lo oscuro y el azar

54

logo de se ir o sol
un certo sabor a cinza na lingua

murcha luz que non soubemos prender
nin na carne nin nas palabras

54

después de irse el sol
un cierto sabor a ceniza en la lengua

marchita luz que no supimos prender
ni en la carne ni en las palabras

55

rastro da primeira fame é o afán de urdir e tramar
a realidade
no lenzo feroces sutís escenas de cacería nas que
tamén ti e mais eu nos asaltamos coa inocencia de anxos
[impostores

55

rastro del hambre primigenio es el impulso de tejer sin fin
la realidad
en el tapiz feroces sutiles escenas de cacería
en las que también tú y yo nos asaltamos con la pureza de
[ángeles impostores

56

(cacerías)

os tigres fornecíanme de alimento
eu adoraba a súa insuperable beleza
co perenne arume das miñas queixas
esfarrapei a meniña dos seus ollos
e fixen unturas coas súas gadoupas
e souberon así que me precisaban
e se algún día quixeron abandonarme
impedíallelo o peso escuro do remorso
e fun a admiración de toda a selva
eu antes criatura desdeñada medorenta

56

(cacerías)

los tigres me abastecían de alimento
yo adoraba su insuperable belleza
con las perennes acículas de mis quejas
desgarré la pupila de sus ojos
e hice ungüentos con sus garras
y supieron así que me necesitaban
y si algún día quisieron abandonarme
se lo impedía el peso oscuro del remordimiento
y fui la admiración de toda la selva
yo antes criatura desdeñada temerosa

57

sobreviventes sempre
dunha guerra somos
a fin de contas o seu botín

57

supervivientes siempre
de una guerra somos
a fin de cuentas su botín

58

e se agora fose
o momento de cuñar a moeda
dun tempo futuro
e ninguén houbese capaz de imprimir
un trazo de inocencia un átomo
de espida felicidade
para que boca fermentamos
a dolorosa uva para que vento
apertamos coas mans o sol?

58

y si ahora fuese
el momento de acuñar la moneda
de un tiempo futuro
y nadie hubiera capaz de imprimir
un rasgo de inocencia un átomo
de desnuda felicidad
¿para qué boca fermentamos
la dolorosa uva? ¿para qué viento
apretamos con las manos el sol?

59

que mans desfarían
o niño do ouriol
buscando o seu anel?

59

¿qué manos desharían
el nido de la calandria
buscando su anillo?

60

sempre é o mesmo
sanguento ritual
coa fin
de darlle forma inapelable
ao que non existe

60

siempre es el mismo
ritual sangriento
a fin de
darle forma inapelable
a lo que no existe

61

They came to kill you,
and not out of mere bloodlust.
God commanded them
to rule all other nations.
Raphael Lemkin

I

ollos que miraron pola primeira vez
a prodixiosa ubicuidade da luz
o despuntar do verde na carne
pero a claridade é agora a fame
cans adestrados veñen cada noite
esgazala

II

tamén
esta man
tece a sombra da arañeira
nesta gorxa
ti enmudeces
baixo os cascallos
todas as linguas son culpables
e o verde contigo
afástase como se nunca
tivésedes existido

pero xamais ningunha dor desaparece
augas subterráneas que a
terra filtra
viven coas raíces

61

They came to kill you,
and not out of mere bloodlust.
God commanded them
to rule all other nations.

Raphael Lemkin

I

ojos que vieron por vez primera
la prodigiosa ubicuidad de la luz
el despuntar de lo verde en la carne
pero la claridad es ahora el hambre
perros adiestrados vienen cada noche
a desgarrarla

II

también
esta mano
teje la sombra de la araña
en esta garganta
tú enmudeces
bajo los escombros
todas las lenguas son culpables
y lo verde contigo
se aleja como si nunca
hubieseis existido

pero jamás ningún dolor desaparece
aguas subterráneas que la
tierra filtra
viven con las raíces

62

feridas de morte
as palabras agardan
o amencer do lume
o seu primeiro balbucido

62

heridas de muerte
las palabras esperan
el amanecer del fuego
su pimer balbuceo

63

cando o pensamento
se estremeza
baixe ao río e sexa auga
que acaricie
e saiba así do pé oprimido
se ofreza a falar
con quen ao lonxe vai
ou pase rozando o seu costado
e vele as ás do suicida
se axeonlle como a cunca
que liba silenciosa
no saber do ebrio
e nas invictas pálpebras do horror
deite un afouto aceno de tenrura…

63

cuando el pensamiento
se estremezca
baje al río y sea el agua
que acaricie
y distinga a cada pie oprimido
se ofrezca a hablar
con quien va a lo lejos
o pase rozando su costado
y vele las alas del suicida
se arrodille como el cuenco
que liba silencioso
en el saber de lo ebrio
y en los invictos párpados del horror
ponga un valiente gesto de ternura…

64

neve
salferida de runas indescifrables
–lingua da cinsa–
abrollábanlle os ollos enxergaba pola súa escuridade
quen ía pensar
que apousaría a tarde nun reloxo
con recendo a mazá triscada
palabras que atinxe o silencio
a flotaren ausentes
gorécense nas nosas gargantas
aínda non queren saír

64

nieve
salpicada de runas indescifrables
–lengua de ceniza–
le brotaban ojos divisaba por su oscuridad
quién iba a pensar
que se detendría la tarde en un reloj
con olor a manzana mordisqueada
palabras que el silencio atañe
flotan ausentes
se cobijan en nuestras gargantas
aún no quieren salir

65

augas fondas
que a debilidade arrastra

esa forza sobrehumana
da tristeza

65

aguas abismales
que la debilidad arrastra

esa fuerza sobrehumana
de la tristeza

66

(do
que me nace da túa tristeza)

ir onda ti
non para te sandar
senón baixo as túas pólas
abeirarme
como un río transparente

até que nos veña buscar o sol

66

(de lo
que me nace de tu tristeza)

ir hacia ti
no para sanarte
sino bajo tus ramas
tenderme
como un río transparente

hasta que venga a buscarnos el sol

67

o desprezo dos suicidas vai diante
mostrando-nos a rota chea de osos
Luísa Villalta

invisibles
as ondas que te envolven

no bordo dun andén
nas marxes dunha multitude

premes na túa man algo
que talvez non sexa o anel
do sabio –isto tamén pasará–
senón un incerto salvavidas
a última moeda que contigo
lanzas contra o derradeiro tren

67

o desprezo dos suicidas vai diante
mostrando-nos a rota chea de osos
Luísa Villalta

invisibles
las olas que te envuelven

al borde de un andén
en los márgenes de una multitud

aprietas en tu mano algo
que tal vez no sea el anillo
del sabio –*esto también pasará*–
sino un incierto salvavidas
la última moneda que contigo
arrojas a un definitivo tren

68

o corazón
das palabras
delta de todas as osamentas

68

el corazón
de las palabras
delta de todas las osamentas

69

somos a diáspora
que abandona o corpo
cara aos labirintos da linguaxe

69

somos la diáspora
que abandona el cuerpo
hacia los laberintos del lenguaje

70

que os meus ollos ceguen
para escoitar
o que a soas se di
que os meus ollos ceguen
noutras pedras
atope
manancial onde beber
daquel esquecemento
afloren os idiomas
que fomos separando
do corpo
coma inservibles
mudas
que os meus ollos ceguen
até a nudez da auga
que xa nada reflicte
que nada a enturbe

70

que se cieguen mis ojos
para escuchar
lo que a solas
se dice
que se cieguen mis ojos
en otras piedras
encuentre manantial
en el que beber
de aquel olvido
afloren los lenguajes
que fuimos separando
del cuerpo
como inservibles
mudas
que se cieguen mis ojos
hasta la desnudez del agua
que ya nada refleja
que nada la enturbie

71

nun cuarto de hospital
coincidencias inexactas
conforman constelacións
figuras sentimentais
que axiña mudan esvaecen

a carne e a agulla
o papel a destilada información
do xornal
derrames vías protocolos
a morte de cincuenta refuxiados
afogados no mar Mediterráneo

ningunha onda se alza aquí
fóra as follas do plátano
déitanse a durmir sobre a canícula

na cerna do tempo
hai unha sala de espera

o imposible é un narcótico
que anaina a tormenta
o mar anega as bocas da semente

todo afundimento nos irmanda co deserto
coa súa remota luz

71

en una habitación de hospital
coincidencias inexactas
conforman constelaciones
figuras sentimentales
que pronto mudan se desvanecen

la carne y la aguja
el papel la maquetada información
del periódico
derrames vías protocolos
la muerte de cincuenta refugiados
ahogados en el mar Mediterráneo

ninguna ola se levanta aquí
afuera las hojas del plátano
se abandonan dormidas sobre la canícula

en la médula del tiempo
hay una sala de espera

lo imposible es un narcótico
que mece la tormenta
el mar inunda las bocas de la semilla

todo hundimiento nos hermana con el desierto
con su remota luz

72

con novos trazos
borra a placenta todo rastro

corpo estranxeiro
da metáfora

72

con nuevos trazos
borra la placenta todo rastro

cuerpo extranjero
de la metáfora

73

Prefiro condenarme
Amparo Andión Prieto

o don
máis nada fose
que para entear
lene manto de po
a te cubrir
de herba trémula e desobediente

(Antígona I)

73

Prefiero condenarme
Amparo Andión Prieto

el don
nada más fuese
para hilar
leve manto de tierra
que te cubra
de hierba trémula y desobediente

(Antígona I)

74

nin unha
nin outra lei

desfúndome
e son a cidade
aberta
a todos os incendios

arrásome
co apetito insaciable
da dor parindo
de novo a terra

e contra a cinza escura
que enmudece a lingua

desobedezo

son onda e partícula a soñar
outra luz do mundo

(Antígona II)

74

ni una
ni otra ley

me desfundo
y soy la ciudad
abierta
a todos los incendios

me arraso
con el apetito insaciable
del dolor pariendo
de nuevo la tierra

y contra la ceniza oscura
que enmudece la lengua

desobedezco

onda y partícula soy
soñando otra luz del mundo

(Antígona II)

75

para Charo Álvarez

que un vento ás veces nos dispersa
que toda razón é un animal perdido
que devén en alma a materia vulnerable
que a beleza é estratexia da ferida
que o que cae da maceira é o tempo
que toda forma é desencontro co sentido
que o que nos xunta é a delgadeza da espiga

75

para Charo Álvarez

que el viento a veces nos dispersa
que toda razón es un animal perdido
que deviene en alma la materia vulnerable
que la belleza es estrategia de la herida
que lo que cae del manzano es el tiempo
que toda forma es desencuentro con el sentido
que lo que nos une es la delgadez de la espiga

76

amoréanse
na lingua
os restos
de quebradas ás

escribir:
facer o dó

76

se arruman
en la lengua
los restos
de alas rotas

escribir:
hacer el duelo

77

entre un chanzo
e outro
a vacilación
o seu fulgor
de sombra
sobre o dominio
da luz apuntalada

77

entre un peldaño
y otro
la vacilación
su fulgor
de sombra
sobre el dominio
de la luz apuntalada

78

e chega a paz
sempre nas aforas do tempo
estraña resonancia do silencio
semella a campá
dun xardín inexistente
pero amado
navegar a súa tensión inmóbil
desherdo da conciencia
acceder por unha póstuma greta

78

y llega la paz
siempre en las afueras del tiempo
extraña resonancia del silencio
semejante a la campana
de un jardín inexistente
pero amado
navegar su tensión inmóvil
desalojo de la conciencia
acceder por una póstuma grieta

79

ao termar deste íntimo derrubo
as paredes desdeñan
as sagradas escrituras dos seus panos
no interior do óso aínda burbulla a historia
o rumor inacabable
do saramago entre os cascallos
azar apresado na súa ousadía
que salta de pálpebra en pregunta
inútil para un corpo en desfolla
mutante nos círculos do tempo
non aquí
onde vida e morte son ao cabo
unha cuestión de absoluta fe
nas palabras
no que inventan ou non poden dicir

79

sosteniendo su íntimo derrumbe
las paredes desdeñan
las sagradas escrituras de sus paños
en el interior del hueso aún gorgotea la historia
el rumor inacabable
del jaramago entre los escombros
azar apresado en su osadía
que salta de párpado en pregunta
inútil para un cuerpo deshojándose
mutante en los círculos del tiempo
no aquí
donde vida y muerte son al cabo
una cuestión de absoluta fe
en las palabras
en lo que inventan o no pueden decir

80

déixome abater
polo dicir e non
das túas palabras
a beleza da súa necesidade última
na perfecta prosodia
dunha man que quixera
demorarse
debaixo da mesa atopo
o rir e o chorar
como contas de cristal
dun colar
ollos de estrelas ceibas
a correren
e á fin detidas polo azar
(acaso xa mortas
na constelación que debuxan?)
recollo as palabras
no silencio que resta
alguén pregunta
co seu punteiro oblicuo sobre un mapa
como se soubese
e só eu me sei a ladroa
deste peso que baleira de luz o día
para ver
xogamos co invisible
que serra o óso
–a nenez sobe merendar

80

me dejo abatir
por el decir y no
de tus palabras
la belleza de su necesidad última
en la perfecta prosodia
de una mano que quisiera
demorarse
debajo de la mesa
el reír y el llorar
como cuentas
de un collar
ojos de estrellas sueltas
corriendo
y al fin detenidas por el azar
(¿acaso ya muertas
en la constelación que dibujan?)
recojo las palabras
en el silencio que resta
alguien pregunta
con su puntero oblicuo sobre un mapa
como si supiese
y solo yo me sé la ladrona
de este peso que vacía de luz el día
para ver
jugamos con lo invisible
que perfora el hueso
–la infancia sube a merendar

á árbore da fame–
que é o que coñecemos?
talvez de novo e sempre a derrota
esa almofada familiar
sobre a que tan ben aprendemos
o camiño cara ao oco

secreta é a ferida entre palabras
doe o fío sutilísimo
rotos
os seus cabos cegos

al árbol del hambre–
¿qué es lo que conocemos?
tal vez de nuevo y siempre la derrota
esa almohada familiar
sobre la que tan bien aprendemos
el camino hacia el hueco

secreta es la herida entre palabras
duele el hilo sutilísimo
rotos
sus cabos sueltos

81

dásme
a culler cegada
afundíndonos mentres
te afastas sempre
no sal nos ollos
tubérculos dun ceo
engurrado de tempo e de non saber
e segues índote
como se vai a man do seu aceno
herdado para volver
nun acordo tácito de ausencia
e óso
ao oco
que aínda te desolvida

81

me das
la cuchara ciega
nos hundimos mientras
te alejas siempre
en la sal en los ojos
tubérculos de un cielo
arrugado de tiempo y de no saber
y sigues yéndote
como se va la mano de su gesto
heredado para volver
en un acuerdo tácito de ausencia
y hueso
al hueco
que aún te desolvida

82

hai unha arteria
que rodea a miña voz
onde ti vives
e a onde eu nunca
poderei chegar

esta é a única
ocupación do poema

ese lapso (ou greta)

82

hay una arteria
que rodea mi voz
donde tú vives
y adonde yo nunca
podré llegar

esta es la única
ocupación del poema

ese lapso (o grieta)

83

o que está sendo
sen palabra sen imaxe
bate na razón
como a ondada
nos piares dunha palafita

83

lo que está siendo
sin palabra sin imagen
percute en la razón
como las olas
en los pilares de un palafito

84

El norte nos devora, presos en esta tierra
Luis Cernuda

ignaro hospedador da devoración
o corpo achégase ás lánguidas figuras
de Doménikos Theotokópoulos
conversan nunha lingua talvez absurda
sábense acaso no fatigoso bater do corazón
aliviándose dun sol incendiario no frescor da nave
ou ningunha experiencia relaciona os dous ámbitos
e todo é froito dunha única mente febril?
mentres conduces de volta explícasme
as mesturas do pintor: xeso albaialde óxido de ferro
vermellón de mercurio azurita lapislázuli…
pero eu caio como unha estrela no seu desmaio interior
–a tristeza tende a man como se non fose súa
vértese o tempo como un líquido pegañento–
síntomas dunha guerra
ávida invasión de inmaturos glóbulos
avanza polo sangue a destruír a súa propia cidadela
apalpar as esquivas texturas da trama
intuír que ansias agochadas rematan no seu desbordo
aceptar a cor laranxa do arabinósido de citosina
un mundo que se afai á tóxica duración do clímax
mentres demora abrir o cofre que atesoura o desenlace

84

El norte nos devora, presos en esta tierra
Luis Cernuda

ignaro hospedador de la devoración
el cuerpo se aproxima a las lánguidas figuras
de Doménikos Theotokópoulos
conversan en una lengua tal vez absurda
¿se reconocen acaso en el arduo latir del corazón
aliviándose de un sol incendiario en el interior de la nave
o ninguna experiencia relaciona los dos ámbitos
y todo es fruto de una única mente febril?
mientras conduces de vuelta me explicas
las mezclas del pintor: yeso albayalde óxido de hierro
bermellón de mercurio azurita lapislázuli…
pero yo caigo como una estrella en su desmayo interior
–la tristeza tiende la mano como si no fuese suya
se vierte el tiempo como un líquido viscoso–
síntomas de una guerra
ávida invasión de inmaturos glóbulos
avanza por la sangre destruyendo su propia ciudadela
palpar las esquivas texturas de la trama
intuir qué ansias escondidas rematan en su desbordamiento
aceptar el color anaranjado del arabinósido de citosina
un mundo que se habitúa a la tóxica duración del clímax
mientras demora en abrir el cofre que atesora el desenlace

85

o corpo
mira irse o seu avatar

entra nun xardín
que talvez nunca existiu

vai e vén
esvaécese como néboa
como angustia ou simplemente
retorna á casa ás súas unllas
e órbitas

e aínda así perfectos descoñecidos
sen saber quen soña a quen

85

el cuerpo
mira irse su avatar

entra en un jardín
que tal vez nunca existió

va y viene
se deshace como niebla
como angustia o simplemente
vuelve a casa a sus uñas
y órbitas

y aún así perfectos desconocidos
sin saber quién sueña a quién

86

tamén vou deprendendo
a agardar por min

86

también voy aprendiendo
a esperar por mí

87

a verdade
esta máscara
cuarteada
familiar
e irrecoñecible

87

la verdad
esta máscara
cuarteada
familiar
e irreconocible

88

acoller
–coa compaixón coa que se gorece
unha cariátide mutilada–
este frío roto entre as costelas
dicirlle imos onda o verdor do sol na herba
respirar a luz
así
sen esperanza

acoger
–como se le da piadoso abrigo
a una cariátide mutilada–
este frío roto entre las costillas
decirle
vamos con el verdor del sol en la hierba
a respirar la luz
así
sin esperanza

89

e se marchases agora
sen acolleres da razón
a súa cereixa de neve

89

y si marcharas ahora
sin acoger de la razón
su cereza de nieve

90

(a cegueira é o encontro máis profundo co corpo)

perdín tamén as bágoas
ese resto arqueolóxico que nos vencella
aos nosos prístinos antecesores

soño a miúdo
que amizades e familia non me coñecen
outra noite sentín bater contra os ollos
o corpo dunha bolboreta
e ao retirar das pálpebras o po irisado das súas ás
decatábame de que á fin podía ver

o soñar acompáñanos e talvez atesoure ese resto de luz
do que xermolan latentes galaxias de desexo e de memoria
rexións indómitas da nosa escuridade

90

(la ceguera es el encuentro más profundo con el cuerpo)

perdí también las lágrimas
ese resto arqueológico que nos enlaza
con nuestros primeros antepasados

sueño a menudo
que amistades y familia no me reconocen
otra noche sentí golpear contra mis ojos
el cuerpo de una mariposa
y al retirar de los párpados el polvo irisado de sus alas
me daba cuenta de que al fin podía ver

el soñar nos acompaña y tal vez atesore ese resto de luz
del que germinan latentes galaxias de deseo y de memoria
regiones indómitas de nuestra oscuridad

91

buscaba apenas algo
para levar comigo
un recordo da levidade
para as horas máis graves
unha airexa que movese tan só
as follas caídas
a dicírense
a derradeira palabra
algo pequeno que fixese as veces
dunha síntese da viaxe
un amuleto para que non
se desnorten as inxenuas aves
no radiante limiar do nada
e apareciches ti
con ese aceno da man
que amasa o pan
para seguir vivindo

91

buscaba algo
para llevar conmigo
un recuerdo de la levedad
para las horas más graves
un aire que moviera apenas
las hojas caídas
como si entre ellas hablasen
la última palabra
algo pequeño que hiciera las veces
de una síntesis del viaje
un amuleto para que no
se desnorten las ingenuas aves
en el radiante umbral de la nada
y apareciste tú
con ese gesto de la mano
que amasa el pan
para seguir viviendo

92

como unha lanterna
que fora alumeando fragmentos
dunha paisaxe que se nos oculta
na súa totalidade
sabendo que todo o que se di
non é como a folla na árbore ou a nube
que xamais confunde
desastre e muda
falamos talvez para que o pulo da vida
persevere afinándose en novas estratexias
de colaboración e de dominio
o xogo da verdade e da mentira
distráenos e empuxa a non descubrirmos
que ou quen vimos sendo
se a vítima ou o verdugo
se vida e morte se xermolan
se o sentido se hospeda
na pantasma que nos leva
se a dor é a invención
que ao cabo o transforma todo
coa paciencia dun coitelo oxidado

92

como una linterna
que fuera alumbrando fragmentos
de un paisaje que se nos oculta
en su integridad
sabiendo que todo lo que se dice
no es como la hoja en el árbol o la nube
que jamás confunde
desastre y muda
hablamos para que el ímpetu de la vida
persevere afinándose en nuevas estrategias
de colaboración y dominio
el juego de la verdad y la mentira
nos distrae nos impele a no descubrir
qué o quién vamos siendo
si la víctima o el verdugo
si vida y muerte se germinan
si el sentido se aloja
en el fantasma que nos lleva
si el dolor es la invención
que al fin y al cabo lo cambia todo
con la paciencia de un cuchillo oxidado

93

querías plantar
unha árbore
mais a man
seguiu cavando
como se unha forza
fose atraída por outra
aínda máis forte
até a cerna mesma
do manancial

fonda boca da terra
e do corpo

auga enxoita
sedenta

93

querías plantar
un árbol
pero la mano
siguió cavando
como si una fuerza
fuera atraída por otra
aún más fuerte
hasta la raíz misma
del manantial

insondable boca de la tierra
y del cuerpo

agua abrasada
sedienta

94

o que treme

baixo a pel
do poema

a súa inocencia

a salvo
do dicirse

94

lo que tiembla

bajo la piel
del poema

su inocencia

a salvo
del decirse

95

recollo as velas estragadas
nos exhaustos pavillóns da voz

toda navegación que conclúe
fai reconto do vivido:
foron as perdas
o lugar máis lonxe ao que chegamos

95

recojo las velas raídas
en los exhaustos pabellones de la voz

toda navegación que termina
hace recuento de lo vivido:
fue la pérdida
el lugar más lejos que alcanzamos

NOTA BIOBIBLIOGRÁFICA

Eva Veiga (Ombre-Pontedeume, A Coruña, 1961). Poeta e comunicadora, forma parte do Grupo Ouriol, co que realiza recitais multidisciplinares. Ademais de ensaio e relatos, ten publicados doce libros de poesía, entre eles: A luz e as súas cicatrices, A distancia do tambor *(Premio Poesía da Asociación de Escritoras y Escritores en Lingua Galega),* Soño e vértice *(Premio da Crítica Española en Lingua Galega) ou* Ser en *(escolma traducida ao español e ao inglés).*

O que se volve raíz *é un poemario que devén da escoita atenta e da perplexidade ante unha linguaxe que non pode dicir e, non obstante, é a greta póstuma para acceder ao que, de todos modos, ha de quedar tremendo, indicible, baixo a pel das palabras. Un libro que vida e morte constrúen en concerto, desconcertándose. Non pretende outra unidade que a do fío que imanta os fragmentos da acordanza e da inmanencia do instante.*

Eva Veiga (Ombre-Pontedeume, A Coruña, 1961). Poeta y comunicadora, forma parte del Grupo Ouriol, con el que realiza recitales multidisciplinares. Además de ensayo y relatos, ha publicado doce libros de poesía, entre ellos: *A luz e as súas cicatrices, A distancia do tambor* (Premio Poesía de la Asociación de Escritoras y Escritores en Lengua Gallega), *Soño e vértice* (Premio de la Crítica Española en lengua gallega) o *Ser en* (antología traducida al español y al inglés).

Lo que se vuelve raíz es un poemario que deviene de la escucha atenta y de la perplejidad ante un lenguaje que no puede decir y, no obstante, es la grieta póstuma para acceder a lo que, de todos modos, ha de quedar temblando, indecible, bajo la piel de las palabras. Un libro que vida y muerte construyen en concierto, desconcertándose. No pretende otra unidad que la del hilo que imanta los fragmentos de la memoria y de la inmanencia del instante.

Índice

En esta edición se empleó papel registro ahuesado en tamaño 65 × 90 de 125 g m^2 y cartulina Freelife Merida de 280 g m^2. Se utilizó el tipo Bodoni en los cuerpos 7, 8, 9, 10, 11, 12, 13, 18 y 24. Color Pantone 2945 U.

O que se volve raíz / Lo que se vuelve raíz
Eva Veiga
Olifante. Ediciones de Poesía

Este volumen se imprimió
en los Talleres Editoriales Cometa de Zaragoza,
cuidando del proceso técnico Albertina Lisbona.
Responsable de erratas, Tutivillus.
Y fue encuadernado por Encuadernaciones Raga, S.A.
El libro quedó terminado el 15 de septiembre de 2025.

LIBROS PUBLICADOS EN ESTA COLECCIÓN

LUIS CERNUDA, *Cartas a Eugénio de Andrade*
JORGE MANRIQUE, *Coplas de amor y de muerte*
LUIS ANTONIO DE VILLENA, *Un paganismo nuevo*
ÁNGEL CRESPO, *El aire es de los dioses*
ROSENDO TELLO AÍNA, *Meditaciones de medianoche*
FRANCIS VIELÉ-GRIFFIN, *La partenza*
ÁNGEL GUINDA, *Vida Ávida*
DINO CAMPANA, *Cantos órficos*
ÁNGEL PETISME, *Cosmética y terror*
POESÍA ITALIANA DE HOY (1974-1984), *La narración del desengaño*
JACOBO FIJMAN, *Poemas*
ANTÓNIO OSÓRIO, *Antología poética*
CARLOS VITALE, *Noción de realidad*
JOVEN POESÍA ARAGONESA (1987), *Los placeres permitidos*
POESÍA MOZAMBICANA DEL SIGLO XX, *Poesía en acción*
LEOPOLDO ALAS, *Los palcos*
PIETRO CIVITAREALE, *Alegorías de la memoria*
MARINA PINO, *Dejemos que Venecia se hunda*
JORGE DE SENA, *Sobre esta playa*
JULIO ANTONIO GÓMEZ, *El corazón desbordado (Epistolario)*
MIGUEL ANXO FERNÁN-VELLO, *La raíz poseída*
LÊDO IVO, *La moneda perdida*
MANUEL VILAS, *El rumor de las llamas*
CECCO ANGIOLIERI, *Cancionero*
W. B. YEATS, *La torre y el unicornio*
ÁNGEL GUINDA, *Claustro*
RAFAEL INGLADA, *Vidas ajenas*
JEAN-PIERRE COLOMBI, *Lecciones y alegorías*
JOSÉ VIALE MOUTINHO, *Un caballo en la niebla*
CHARLES CROS, *40 poemas*
JUAN ABELEIRA, *Umbral del centinela* y *La piel iluminada*
LUIS FERNÁNDEZ ORDÓÑEZ, *Pájaros de invierno*
VERGÍLIO ALBERTO VIEIRA, *Piedra de trance*
MAGDALENA LASALA, *Seré leve y parecerá que no te amo*
JOSÉ LUIS RODRÍGUEZ GARCÍA, *En la noche más transparente*
CLARA JANÉS, *Ver el fuego*
MIGUEL LABORDETA, *Abisal cáncer*
GABRIEL SOPEÑA, *La Noche del Becerro*
ÁNGEL GUINDA, *Conocimiento del medio*
MANUEL ESTEVAN, *El que cuenta las sílabas*

ÁNGEL ESCOBAR, *Cuando salí de La Habana*
NANCY MOREJÓN, *Botella al mar*
XULIO LÓPEZ VALCÁRCEL, *El volumen de la ausencia*
FERNANDO SANMARTÍN, *Los ojos del domador*
ROBERT BURNS, *Caledonia y otros poemas*
OSÍAS STUTMAN, *Los fragmentos personales*
SERGIO ALGORA, *Paulus e Irene*
TERESA AGUSTÍN, *La tela que tiembla*
MARIANO ESQUILLOR, *Arco lírico*
ILDEFONSO-MANUEL GIL, *Por no decir adiós*
JOSÉ MANUEL GUTIÉRREZ, *El color del aire*
JOAQUÍN SÁNCHEZ VALLÉS, *Preludio y fado*
JESÚS JIMÉNEZ DOMÍNGUEZ, *Diario de la anemia – Fermentaciones*
ÍÑIGO GARCÍA URETA, *Dirección de la derrota*
TEIXEIRA DE PASCOAES, *Señora de la noche*
ANDRÉ PIEYRE DE MANDIARGUES, *Gris perla*
JOSÉ AGOSTINHO BAPTISTA, *Ahora y en la hora de nuestra muerte*
ANDRÉS UNGER, *Visiones*
DAVID ROXÁ, *Como quien pide permiso para la soberbia*
ÀLEX SUSANNA, *Inútil Poesía*
ÁNGEL GUINDA, *Toda la luz del mundo*
FLORBELA ESPANCA, *Las espinas de la rosa*
ANTÓNIO RAMOS ROSA, *Acordes*
ALFREDO SALDAÑA, *Palabras que hablan de la muerte del pensamiento*
JOSÉ MANUEL CAPÊLO, *¿Y si no existieses?*
XOSÉ MARÍA ÁLVAREZ CÁCCAMO, *Habitación del mar*
PABLO NERUDA, *Canto corporal*
ÁNGEL GUINDA, *Toda la luz del mundo (Edición plurilingüe)*
CERVANTES, *Poesía*
MANU CÁNCER, *Poesía completa*
ELENA PALLARÉS, *Ella guarda secretos*
ANTÓNIO OSÓRIO, *El lugar del amor*
ANA CRISTINA CESAR, *Forma sin norma*
BELÉN REYES, *Atrévete a olvidarme*
MANUEL VILAS, *Los chicos están bien. Poesía última*
JOSÉ LUIS ALEGRE CUDÓS, *Poemas*
ENRIQUE VILLAGRASA, *Línea de luz*
RICARDO DÍEZ PELLEJERO, *El cielo del sol mecido*
ÁNGEL GUINDA, *Claro interior*
VV.AA., *20 Poetas Aragoneses Expuestos*
BEGOÑA ABAD, *La medida de mi madre*
MANUEL M. FOREGA, *Ademenos*
ÁNGEL SOBREVIELA, *Roma*

ÁNGEL GUINDA, *Toda la luz del mundo (Edición europea)*
OCTAVIO GÓMEZ MILIÁN, *Nada mejor para esta noche*
BEATRIZ GIMENO, *La luz que más me llama*
MARGA CLARK, *Amnios*
NURIA RUIZ DE VIÑASPRE, *El pez místico*
CASIMIRO DE BRITO, *En la vía del maestro*
JOSÉ ANTONIO CONDE, *El ángulo y la llaga*
JOHN KEATS, *Antología poética (Odas, Sonetos, Otros Poemas, La Víspera de Santa Inés)*
VV.AA., *Avanti (Poetas españoles de entresiglos XX-XXI)*
DOLAN MOR, *El idiota entre las hierbas*
DAVID ACEITUNO, *Sylvia & Ted*
MIGUEL ÁNGEL ORTIZ ALBERO, *Troupe*
JÜRI TALVET, *Del sueño, de la nieve (Antología 2001-2010)*
JOSÉ ANTONIO LABORDETA, *Mar de amor. Canciones*
ÁNGELA SERNA, *Pasos. El sueño de la piedra*
VV.AA., *Yin: Poetas aragonesas, 1960-2010*
ANTÓN CASTRO, *El paseo en bicicleta*
VV.AA., *La pared de agua. Antología de poesía bengalí contemporánea*
MOHSEN EMADI, *Las leyes de la gravedad*
CARMEN RUIZ FLETA, *Polaroid (Todos parecemos más fuertes en las fotografías)*
ROSANA ACQUARONI, *Discordia de los dóciles*
Mª ÁNGELES PÉREZ LÓPEZ, *Atavío y puñal*
FERNANDO AÍNSA, *Poder del buitre sobre sus lentas alas*
JOSÉ VERÓN GORMAZ, *Ritual del visitante*
PILAR PERIS, *Fisuras*
ALBERTO DE LACERDA, *El encantamiento (Antología poética)*
ÁNGEL GUINDA, *Rigor vitae*
ANAÍS PÉREZ LAYED, *El fuego de las sombras*
JORGE RIECHMANN, *fracasar mejor (fragmentos, interrogantes, notas, protopoemas y reflexiones)*
RAÚL CAMPOY GUILLÉN, *Etanol Mortis*
JOSÉ INFANTE, *La libertad del desengaño*
ANTÓN CASTRO, *Seducción*
LUISA MIÑANA, *Ciudades inteligentes*
ÁNGEL PETISME, *El lujo de la tristeza*
IÑIGO LINAJE, *Nunca más adiós. Ensayo para una resurrección*
ÁNGEL GUINDA, *Catedral de la Noche*
DAVID ACEITUNO, *Hogar*
NORMA SEGADES-MANIAS, *Albedrío de uróboros*
ANA LUÍSA AMARAL, *Oscuro*
MARTA DOMÍNGUEZ ALONSO, *Una hoguera en los párpados*
JAVIER RAMÓN JARNE, *La lentitud del frío*

XAVIER SEOANE, *Espiral de sombras*
ANTÓNIO OSÓRIO, *La ignorancia de la muerte*
VV.AA., *Amantes (88 poetas aragoneses)*
LUIS TAMARIT, *Metástasis I*
SHOLEH WOLPÉ, *Cómo escribir una canción de amor*
ALBERTO DE LACERDA, *Elegías de Londres*
MANUEL M. FOREGA, *Luz, más luz*
LUIS TAMARIT, *Metástasis II*
IRENE VALLEJO e INÉS RAMÓN, *La mañana descalza*
ÁNGEL GUINDA y JOSEMA CARRASCO, *Espectral. Cómic*
ELENA PALLARÉS, *Mala estrella*
CARMEN ALIAGA, *Madeleine y las otras*
MARIANO CASTRO, *El ojo y la ceniza*
JORGE MARTÍNEZ, *General Invierno*
CRISTINA GRISOLÍA, *Levedad en la piedra*
VV.AA., *Arquimesa. Poesía en aragonés escrita por mujeres*
ANTÓN CASTRO, *Vino del mar*
JOSEMA CARRASCO, *La felicidad, cariño, es para malgastarla*
JOSÉ MALVÍS, *[20 Vatios Azul Pálido]*
OLGA NOVO, *Felizidad*
ANTONIO PÉREZ MORTE, *Libre de nada, atado a la palabra*
ANTÓN CASTRO, *El cazador de ángeles*
NACHO ESCUÍN, *Nadar hasta la orilla*
JOSÉ ANTONIO SANTANO, *Madre lluvia*
ESTELA PUYUELO, *Ahora que fuimos náufragos*
JORGE MARTÍNEZ, *Tanto por destruir*
ANA MUÑOZ, *Madriguera*
JESÚS RUBIO JIMÉNEZ, *Lugares del corazón*
TERESA RAMÓN JARNE, *Amar mata*
TERE IRASTORTZA GARMENDIA, *Llenabais el mundo*
MARÍA JOSÉ SÁENZ, *Afuera hay sol*
LÉON DEUBEL, *La canción balbuciente (1899)*
ANTONIO SAGREDO, *Cantos del Moncayo*
MARÍA PAZ GUERRERO, *Ranura. Antología poética (2018-2022)*
MARÍA CODURAS BRUNA, *Enajenación transitoria*
BELÉN MATEOS, *Sabor a tránsito. Regreso al poema*
LUIS TAMARIT, *Metástasis III*
GOYA GUTIÉRREZ, *Pozo pródigo*
CARMEN BERASATEGUI, *Cosas asombrosas ocurrirán hoy*
ALEJANDRO VALERO, *Oscuridades*
ALFREDO SALDAÑA, *La acción es el frío*
CELIA CARRASCO GIL, *Rupestre*
GERARDO MARKULETA, *Leer la vida*

TERE IRASTORTZA, *Son nueve, los pájaros*
PEDRO BOSQUED, *Polonio*
ÁNGEL GUINDA, *Poemas útiles de un poeta inútil*
ESTELA PUYUELO, *Déjà vu*
ABDUL HADI SADOUN, *Escribir con* eñe. *Otros poetas en español*
TRINIDAD LUCEA, *Caperucita rota*
INMA BENÍTEZ, *Planeta piel*
ANABEL CORCÍN, *Fondo de armario. Inventario incompleto*
MIGUEL ÁNGEL VÁZQUEZ, *Más allá del bien y del mar (caniculares)*
FRANCISCO ÁLVAREZ KOKI, *Hijos de la luz y de la ira*
JOSÉ LUIS ESTEBAN, *Palabras que no he gastado*
RICARDO DÍEZ PELLEJERO, *El silencio del colibrí*
VV.AA., *Trobada retorno*
EDUARDO MOGA, *Poemas enumerativos*
FERNANDO SARRÍA, *La lluvia azul*
ANTONIO MÉNDEZ RUBIO, *CLIC seguido de* excepto
MAGDALENA LASALA, *El amor, la vida y tú*
JOSÉ LUIS GRACIA MOSTEO, *Campos de Aragón*
JOSÉ MANUEL LUCÍA MEGÍAS, *Trento (o el triunfo de la espera)*
CARMEN ALIAGA, *Jaula de grillos*
JORGE MARTÍNEZ, *El perfume blanco de los días*
JORGE DOT, *Los prodigios del amor (Amar es no morir en lo que vive)*
SAMUEL TRIGUEROS, *Ouroboros*
VV.AA., *Antología poética aragonesa - húngara*
ANTÓN CASTRO, *En el centro del jardín*
ALFONSO ARMADA, *TSC. Diario de la noche*
MANUEL RICO, *Quebrada luz / El muro transparente*
MARÍA BELEÑA, *Vigilia: conjeturas sobre la ilusión*
DOM GABRIELLI, *Susurros de arena*
ANTONIO DOMÍNGUEZ, *La forja de un paisaje cultural. Guía de la Ruta Bécquer en el Moncayo*
J. BENITO FERNÁNDEZ, *Las claves de lo oscuro. Biografía de Ángel Guinda*
ÁNGEL GUINDA, *Vida ávida. Poesía reunida 1970-2022*
EVA VEIGA, *O que se volve raíz /* Lo que se vuelve raíz